からまった心と体のほどきかた

古い自分を解き放ち、ほんとうの自分を取りもどす

著
鎌倉ドクタードルフィン診療所　院長
∞ishi　ドクタードルフィン
松久　正

絵
世界中に笑顔を広げるアーティスト
RIE

PHP研究所

はじめに

いまの世の中を見わたすと、ほとんどの人たちが、いまのままの自分では駄目だ、こうしなければいけない、こうならなければいけない、という思いで非常にもがいています。もがき続けるかぎり、じつは、本来の、あるべき自分のエネルギーとはつながらなくなってしまうのです。私がこの本でこれからお伝えしていきたいのは、ひと言でいうと、「本当の自分のエネルギーとつながると、驚くほどもがかないで生きられるようになる」ということなのです。

そして本当の自分のエネルギーとつながると、こうでなければいけない、こうならなければならない、という部分が薄れていって、いまの自分を、「これでいいんだ」――バカボンのパパが言っている「これでいいのだ」――というふうに生きられるようになるのです。

人間のそのような生き方こそが、この世が平和と調和、そして愛と喜びに満ちた世界になるために、いまもっとも必要なものなのです。そして、それが人間本来の生き方なのです。

振動するエネルギーを持つものを、私は生命と言っています。そして、地球でもっともエネルギー――私が言うエネルギーとは、生命体としての進化度のこと――が高いのは人間なのです。

もちろん動物もいるし、昆虫や微生物、植物もいっぱい存在しますし、パワーストーンなどの石もあります。これらはすべてエネルギーを持っています。これらはすべて生命ですが、やはりもっとも進化したエネルギーを持つ人間のあり方こそが、もっとも世の中のあり様に影響を与えるのです。

いま、世の中を見ると、人間同士の争い、戦争、もしくは経済競争、あるいは、自然環境破壊や、自然災害など、いろいろなものにより、社会と自然が乱れています。これは、地球全体のエネルギーが乱れているということと同一なのです。これらすべての生命たちのエネルギーの集合体、いわゆる集合意識が乱れた状態なので、そのような乱れたものが生まれてくるのです。

ですから、そういったものが穏やかになるため、つまり、愛と調和の世の中になるためには、まず人間の意識が変わらないといけないのです。意識改革の時代が、ついに来たということなのです。

いままで地球の社会は、いろいろ進化を遂げてきました。物質的には、すごく便利になりました。いろんな文明が発達して、非常に便利に楽に、生きられるようになり、物質面では非常に発達しましたが、人間の心、魂、意識はどうでしょうか。物質的な発達に見合っただけの、心や意識の発達とか、進化・成長があるでしょうか。私には決してそうは思えないのです。

いまの社会を見ていると、やはり「いまの自分は完全ではない」、「いまの自分では駄目だ」、「こうでなければいけない」、「こうならなければいけない」、「こうしなければいけない」、というエネルギーがものすごく強いのではないかと思います。ということは、いまの自分を否定している人たちがいっぱいいるということです。そして、いまの自分を否定している人たちというのは、いまの自分を十分に愛せていないということなのです。

いまの自分を十分に愛せていない人は、他人を本当に愛せるわけなどないのです。他人だけでなく、他の生命たち、動物、植物、鉱物たちも、愛することはできないのです。ですから、愛と調和の地球になるためには、まず自分を愛せる人間にならないといけません。自分を受け入れて、自分をいまのままでいいのだという、肯定する人間になる——このことが、もっともいま欠けていて、もっとも必要なのです。

いま、地球は目に見えるものを大切にする時代から、目に見えないものを大切にする時代に突入しようとしています。

これまで築かれてきた社会、政治、経済、科学、医学、そして日常の生活のすべてが、このまま何も変わらず続いてしまうと、将来、破綻《はたん》をきたすのではないかと、不安を感じている方も多いのではないでしょうか。

いまの社会しかり、医学もそうです。医学はこんなに進歩したのに、どうして、病気が増えて、多くの人が病気に、もがいているのでしょうか。生活、社会がこんなに物質的に豊かで便利になったのに、どうして、いまのままでは駄目だと、もがいているのでしょうか。

それを解決するための、おおまかなステップは次の通りです。

まず第一に、いまの自分の生き方、意識が、正しい本来の状態ではない、と気づくことです。そして、二番目には、気づいたらどうあればいいのかを学ぶこと。つぎに、三番目には、学んだ通り実践し、意識が変わった自分になる。つまり、まったく違う自分になるという、この三段階です。気づいて学んで変化する——この三つのステップを踏むのに、本書は、とても役に立つ本になるはずです。

これまでは、人生をどのように生きたらいいのかという自己啓発書とか、いわゆる人生で成功するための成功哲学であるとか、病気を治すための健康本が世にあふれていました。これでもかという勢いで出てきて、皆さんは、それに飛びついていました。しかし、残念なことに、私から見れば、どれも同じようなことを言っているように思えてなりません。本で読んでも情報を浴びても、皆さんは、ほとんど変わっていません。結局、社会も人間もなにも変わっていないように感じます。

いわゆる小手先で、表面的にごまかして変えても、人間の本質は変わらないということなのです。人間、そして社会が変わるには、それを形成している、目に見えないエネルギー自体が変わらないといけないのです。
いくら表面的に、「こういうふうに考えなさい」とか「こういうことをしなさい」と言ったところで、皆さん自身をつくっているエネルギーが変わらない限り、それは瞬間的なもので終わってしまい、長続きはしないのです。皆さんは、これまで、瞬間的な喜びを求め、ただその場しのぎを行っているだけだったのです。長続きしない限り、本当にあなたのものにはならず、「もがく」ことからは離れることができません。

本書のテーマである心と体の「からみ」は、この「もがく」ことから起こってくることなのです。

皆さんの魂の意識（人間生命の根本である魂エネルギーは、体という物質を持たない、目に見えない振動波であり、その波自身が意識を持っています。それを、魂の意識と呼びます）は、地球に来るときに、自分が体験する人生のシナリオ、身体のシナリオを選んできたわけです。
シナリオ通りに生きることができれば、そのままスムーズに進化・成長できるわけです。あるべき気づきと学び、想定されていた気づきと学びをもって、自分のエネルギーを進化・成長させられるのですが、現代社会は、本当に複雑な社会で、自分以外の意識、つまり家族、学校、社会、といった集合意識や、過去にできあがってきた社会の規則が、あなた自身のエネルギーを乱す原因になるのです。

これは常識・固定観念というふうにも言えます。常識・固定観念が、皆さんの本来生きるべきシナリオのエネルギーを乱すわけです。これが「からみ」なのです。からみで、本来のシナリオのエネルギーが、流れなくなるのです。

それを「ほどく」のがこの本の大きな役割です。ほどくことが、いまの人間のもっとも大事なキーポイントなのです。これから人間が進化・成長する、そして本来の自分になるためにもっとも必要な鍵は、からみをほどくことです。これが唯一のことです。

これまでこの社会で提示された方法とか考え方を実行しても、このからみをほどくことはできません。ですから皆さんは、ずっともがいたままなのです。

からみは何かということの本質を皆さんに紹介して、ほどき方を提示するタイミングがいま、まさに来たといえるのです。

私は現在、鎌倉ドクタードルフィン診療所で、多くの患者の方を診ています。がんや難病の方、心の病の方、さまざまな方が全国隅々、海外から来院されます。

開業後、ちょうど十年目になりますが、新規患者予約は、ずっと数年待ちの状態で、様々な人間像を見ています。そして、地球社会では奇跡といわれることが、私、ドクタードルフィンのもとでは、常識として起こっており、愛と喜びを創造しています。ですから、この本は、私にしか書けない本なのです。

私は、慶應義塾大学で医学を学びました。その後、三重大学医局で整形外科医として働いているとき、西洋医学に限界を感じたことから、アメリカに渡り、自然医学であるカイロプラクティックを学びました。そして、世界で三人目となる、ガンステッド・カイロプラクティック・アンバサダーを授与されたのち、日本にもどり、自分のクリニックを始めました。

アメリカに渡ったときの私のテーマは、西洋医学で治せない病気は、どうしたら治せるのか——というものでした。

アメリカに渡った十年の中で、カイロプラクティックのような自然医学でもそれを克服することが難しいと感じて、もがいていた時、私を救ったのは、私が働いていたフェニックスから車で二時間ぐらい行ったところにある、セドナのエネルギーだったのです。赤岩から発せられるボルテックス（地球の強力な磁気エネルギー）に触れ、奇跡的に（ほんとうは必然だったのですが）宇宙の叡智《えいち》と正しくつながることができたのです。

そこで、私は宇宙のサポートを受け、現代医学とカイロプラクティック自然医学が融合され、そこに量子力学、スピリチュアルという目に見えない要素を取り入れた、まったく新しい医学の体系を創造するきっかけができたのです。

日本に帰った後も、これまで存在しなかった、新しい医学を確立しようと、試行錯誤の連続でした。そして十年、私は、もがき苦しみました。この本は、もがき苦しんだ私だからこそ、書けた結論なのです。

本書の中には「ぷあぷあ」とか「お喜びさま」という聞き慣れない言葉が出てきますが、それはすべて私の作った言葉です。

「ぷあぷあ」とは、宇宙空間で自由にラクちんに浮いているイメージ、そう「楽で愉《たの》しく」生きる感覚のことです。「これでいいのだ」と、すべてを肯定的に受け入れて、ただただ浮いている状態。自分以外に何もなく、過去も未来もなく、何にも影響されず、いまの自分だけが存在している。これが「ぷあぷあ」生きる感覚なのです。

また、「お喜びさま」というものは、どのようなものなのかも、少しご説明しておきます。

地球社会と地球人が、いままで進化・成長してこなかった理由の一つとして、音エネルギーの使い方、言葉の使い方が良くなかったということが挙げられます。

音のエネルギーの使い方、特に日本語を例に取ると、挨拶《あいさつ》に「お疲れさま」「ご苦労さま」という言葉を使ってきました。しかし、お疲れさまの「疲れる」、ご苦労さまの「苦労」というのは、あまりいいニュアンスの言葉ではありません。疲れない、苦労しないほうが皆さんハッピーなわけですから。これは労《ねぎら》いの文化、謙虚な文化の日本で培《つちか》ってきた、過去の遺産であるといえます。

いままでの地球社会の文明レベルだと、うまく働いたかもしれませんが、これからはそれでは駄目なのです。ネガティブなエネルギーは乗せたくない。お疲れさまの疲労や、ご苦労さまの苦労はしたくないわけです。楽で愉しく生きたいわけです。

地球の概念、常識と固定観念からすると、善と悪や、自分はイケてるイケてないということが価値基準になりますが、地球でいう、悪いということでも、自分が体験しているすべてのことは、じつは自分の最高傑作の善の体験なのです。

自分がこうであるということは、このとき、ここで、こういう内容で、というように、すべて自分の魂の意識が地球に生まれる前に選択した最高のことなのです。

ですから自分の魂の意識が選択した、ありとあらゆる体験。それはあなたの魂を喜ばせることなのです。そうとらえると、すべては「お喜びさまです」ということになるわけです。

自分にとっても喜びだし、ほかの方々にとっても、それぞれ自分の魂の意識が望む他人の観察をしているということからも、「お喜びさま」ということなのです。

この二つの言葉が、いろいろな問題を解決し、心と体をほどくキーワードになりますので、覚えておいてください。

この本では、本当にわれわれが気づくべきこと、学ぶべきことをご提示しています。そして、本を読み終えたその瞬間から、確実に皆さんが変わり始め、いつの間にか変わってしまっている、いままでになかった本です。

本質的でとても深い、皆さんがいままで知らされてこなかった、本当に重要なことをお伝えしています。この本を読んでしばらくたつと、そういえば最近そうなった、いつの間にかそうなっている、そういえばそうなれているということに気づくでしょう。

本書には、ひょっとしたら、あなたの想像を超えていることや理解できないことが書かれているかもしれません。でも、あなたにわかる本というのは、じつは、あなたには必要のない本なのかもしれません。わからないからこそ、あなたに必要な本なのかもしれないのです。

あなたの頭を眠らせながら読み、ぜひ内容を魂で感じてください。RIEさんの癒《いや》しの絵を見ながら、「ブレインOFF、ソウルON」の状態で読んでいただければ幸いです。

からまった心と体のほどきかた

〜古い自分を解き放ち、ほんとうの自分を取りもどす〜

目次

第1章

人生・仕事・生き方について

第2章

恋愛・結婚・家庭について

第3章

生命・健康・死について

魔法のおまじない

この本を読んでいて、

「えっ、うそ！」

「信じられない」

「そんなバカなこと」

「理解できない」

「そんなうまくいくはずない」

「現実はそんなあまくない」

と、本の内容を受け入れられない人のために、
大宇宙最強の「魔法のおまじない」を授《さず》けます。


このおまじないは、ドクタードルフィンが、長い長い魂の意識エネルギーの旅の中で、大宇宙の叡智《えいち》から受け取ったものです。

その「魔法のおまじない」は、皆さんの両手を頭にごく軽く添えて、

「ありがとうございます（ありがとう）」

「お喜びさまです（お喜びさま）」

「嬉《うれ》しいです（嬉しい）」


の三つの言葉のフレーズを、心の中または声を出して、唱《とな》えるだけです。

たった、これだけです。

これで、大宇宙を大喜びさせ、大宇宙のサポートを最大限に受け取ります。

そして、この三つの言葉の後に、天才バカボンのパパのつもりで、

「これでいいのだ」


と唱えます。

これにより、皆さんが地球で生まれてこのかた、親、家族、学校、社会から教わってきた「常識」「固定観念」を消去します。

そして、皆さんに必要な知識と情報である大宇宙の叡智が舞い降ります。

これだけで、皆さんは、頭で理解できなくても、超潜在意識（宇宙意識）で、無意識に本の内容を魂レベルで学べることになります。

これらの言葉により、大宇宙のサポートと叡智が降り注ぐのです。

ありがとうございます
（ありがとう）
お喜びさまです
（お喜びさま）
嬉しいです
（嬉しい）
これでいいのだ

これが、

「魔法のおまじない」

です。

私たちはどうして生まれてきたのでしょうか。また、何を目的として生きているのでしょうか

どうして地球に生まれてくるのでしょうか。そのことにお答えする前に、まず大切なことを皆さんにお話ししたいと思います。

皆さんの魂エネルギー（生命エネルギー）の本質は、形のないエネルギーで、それは螺旋《らせん》振動するエネルギーなのです。それが皆さんの意識の本質です。いま地球で生きているのは、体を持ってしまっている、また別の形のあなたなのです。本当のあなたは、形のないエネルギーで、振動数の高い存在なのですが、人間は、そのエネルギーが脳の松果体《しょうかたい》で低い振動数に変換された状態になっています。

ですので、人間は振動数が低い、エネルギーが低い状態だと考えてください。

そして、エネルギーが低い体というのは、まさに不都合だらけ、制限だらけなのです。なぜかというと、体を持ってしまうということは、エネルギーが低い状態で存在しており、重力を浴びることになるわけです。重力を浴びるとエネルギーの方向が固定されてしまうので、時間や空間ができるのです。体を持っていて、時間と空間を体験しているということ

が、思い通りにいかない、「もがく」世界につながるわけです。

あなたの魂の意識エネルギーは、体のない状態において、自分のエネルギーそのものの乱れを修正し、振動数を高めて、さらにいい状態にしたいという目的を持っています。私たちが存在している理由は、魂の意識エネルギーの乱れを修正すること、魂の意識エネルギーを上昇させること、この二つなのです。そのために魂の意識が存在しているのです。

そして、エネルギーの乱れを修正し、エネルギー自体を上げるためにもっともいい体験は、その修正に見合った不都合を体験するということなのです。思い通りにいかないことを体験する中で、自分に必要な気づきと学びが生み出される。逆にいうと不都合な世界じゃないと、それだけのエネルギーを修正し、高めるエネルギーは生まれないということなのです。ですからあえて体を持った、その制限だらけの環境に飛び込んできたのです。

地球に来なくても、あらゆる環境があったわけです。もっと楽な、もっと制限の少ない、もっと自由に生きられるところもあったのです。しかし、あえて制限だらけの、自由ではない、思い通りにいかないところに飛び込んできたということです。

ですから、あなたは地球に存在するわけです。地球に存在する皆さんすべてが、まさに勇敢な魂のチャレンジャーなのです。私は皆さんに敬意と祝福を送りたいと思います。

私たちは、
魂の意識エネルギーを
上昇させるために
生きている。

魂はあるのでしょうか。あるとしたらどういうものでしょうか

魂という表現をすると皆胡散《うさん》臭く感じて、それだけで「んー」と引いてしまう人もいるのではないでしょうか。本に書いてあったら手に取らないとか。魂と聞いた時点で、自分の心が離れてしまったりする方はいっぱいいます。

じつは、これはとらえ方がよくないのです。

それでは、「あなたは、体で生きていますが、あなたの体があなたですか?」という問いかけに、あなたはどう答えるでしょうか。

最先端の科学である量子力学の観点から見てみましょう。素粒子には二つの面があって、粒子という物質であるという面と、波というエネルギーであるという面があることがわかっています。素粒子は、観測しているときには粒子に見えます。つまり、そこにあるという意識を置いたら、そこにあるのです。でも、観測していないときは粒子ではなくて波になるのです。もともとは波だということがわかっています。物質というのは低い次元です。波という高い次元から来たエネルギーが、観察する意識のもとで物質に変化しているだけといえる

のです。

高い次元というのは、波であるエネルギーで、それは私が言う螺旋振動波なのです。

螺旋振動波というのは、まだ物質を作っていません。そして螺旋振動する振動数が減ってくると、物質化するのです。

水には、固体、液体、気体があって、振動数が高いのが気体です。液体になると少し下がって、固体になるとものすごく下がるのです。固体は氷です。

人間も同じです。細胞を持っているのは固体です。これは、振動数がもっとも低いものです。でも私たちには気体というか、目に見えない状態というものがあります。これは螺旋振動数がもっと高い状態です。これが魂なのです。つまり身体という地球の乗りものから降りた状態が魂なのです。

皆さんは魂が、体の中に入っていると思われていますが、魂にあなたの体が包まれているというのが正しい考えです。

つまり魂とは、あなたのエネルギーの大本。そして、そのエネルギーの大本というのは、意識なのです。つまり螺旋振動というのは、体はないけれど意識だけはあるのです。ですから魂の意識エネルギーと私は呼んでいます。魂の意識エネルギーはあなた自身で、永久不滅です。魂は、生まれたときから死ぬということはありません。

魂はあります。
しかも永久不滅です。

どうして貧乏な家に生まれてきたり、家庭環境が優れないところに生まれてきたりするのでしょうか

あなたは、あなたの魂が地球人になると決めたときに、地球人のもとになるエネルギーを読みとって生まれてきます。それが、松果体のＤＮＡエネルギーです。この松果体のＤＮＡエネルギーは、目で見える二重螺旋ではなくて、目に見えない部分のエネルギーのことです。その目に見えないＤＮＡのエネルギーを読みとってくるのです。

そして、ある人間個体に入ると、いつどこでどのようにどういう体験をするかを、全部、シナリオで読みとるわけです。

そのシナリオが辛ければ辛いほど、困難であればあるほど、その魂の乱れを修正する能力、魂の振動数を上げる能力は高くなるのです。ですので、修正をより望む魂の意識、そしてより上昇成長を望む魂の意識というのは、より困難な環境を選んでくるのです。ですから、ある人は貧乏な家に生まれることになるわけです。

その他、どうして、親がすごく残酷、親に虐待されるような環境をわざわざ選んでくるのか、また、なぜ妊娠しても、おなかの中で死んでしまうのかというと、じつは、そのような

いろいろなパターンを全部自分の魂が選び、自分の最高のシナリオ、環境であると思っているからなのです。

ですので、皆さんよく「なんでこんな貧乏に生まれてきたの？　どうしてお父さんお母さん、私をこんなふうに生んだの？」と言いますが、それは、すべて正しくないことなのです。あなた自身が、そのシナリオを持って生まれることを決めていたからなのです。それは、あなたの魂がもっとも望む、最高傑作だからです。それ以外になかったからです。

困難を克服することで、魂の意識エネルギーの振動数やリズム、波形を修正することができ、そのエネルギーを高くして、楽で愉《たの》しい魂の故郷である魂エネルギーが誕生したポイント、「ゼロポイント」に近づくことができるのです。「ゼロポイント」とは、あなたの存在が無の状態から、有の状態になる瞬間の誕生ポイントです。素粒子よりも小さい超素粒子が、螺旋振動する波として、あなたは、存在し始めるのです。

困難は、それを克服し、成長できる人にしか、与えられません。

この思い通りにいかない地球。
その体験、それはすべて
あなたの魂にとって
最高のエンターテインメントです。

学校でいじめられるのはどうしてでしょうか

いじめられるというのは学校だけじゃなく、社会でも同じです。パワハラとかセクハラ、学校や会社でのいじめは、すべて同じです。

意外なことを言うようですが、じつは、これは、いじめる側の役割といじめられる側の役割を、お互いがただこなしているだけなのです。このように聞くと皆さんショックだと思います。いじめるほうが悪、いじめられるのは善だと教わってきたし、そのような常識と固定観念を持っている方がほとんどだと思います。しかし、ここで一度、すべてのことを善と悪で見る常識と固定観念から離れてみるのです。

宇宙の真実を話します。魂同士が地球に入ってくる前に、「じゃあ僕はあなたを何歳のどこでどういうふうにどういう内容でいじめるよ」「わかった。僕はじゃあ何歳のどこでどのようにいじめられるよ、あなたに」というように、魂の契約を結んだことしか地球では実現しないのです。つまり約束を果たした相手としか接点は持たないし、交流は持たない。そして、そういう体験も実行されないわけです。偶然は一つもない。一〇〇％約束なのです。

つまり、いじめる側の役割というのは、いじめることでいじめられるほうに悔しい思いを与える。本当に悲しい思いを与える。さらに、いじめる側は、いじめる側の親にも悲しい思いをさせ、怒りを学ばせる。そして、いじめることで、いじめはよくないのだ、ということを、社会に発信する役割。これがいじめる側の役割です。さらに、いじめる側は、いじめることで、いじめることというのはこういうことなのだ、よくないのだ、調和にはならないのだ、ということを学ぶのです。そういう気づきと学びに、意味があります。

一方、いじめられる側の役割というのは、いじめる側の役割をつくるということです。いじめられる側の役割として、いじめるほうになにか罪悪感や反省を持たせるのです。やっぱりこうするべきじゃないのだと学ばせるという役割。そしてもう一つは、いじめる側の親、いじめられる自分の親にも学ばせるのです。そして、こちらも、先ほど言った社会に学ばせるといった役割があります。

また、いじめられることによって、本当の優しさや本当の勇気を学ぶことにもなります。そして、自分の意識をしっかり主張しないといけないのだ、自分の意識こそが、自分が生きる上で重要なのだということを学ぶのです。

いじめられるのも
泣かされるのも、
まさにお喜びさま。

そしていじめるほうも
泣かすのも、
まさにお喜びさま。

子どもの不登校はどうすれば良いのでしょうか

不登校の子どもたちは、規約だらけのがんじがらめの世界、つまり、何時に行って何時に帰らなければならない、同じことは皆理解しないといけないというような世界、皆と同じようにできないといけないという世界に適応できないのです。宇宙の法則では、ジグソーパズルの一ピースがそれぞれの魂の意識ですので、すべてのピースの形が違っていないと、ジグソーパズルが完成することはなく、宇宙の大調和のハーモニーも奏《かな》でられないのです。

いまの学校は、丸い形ばかりをつくろうとしています。丸をつなげたらどうなりますか？ 隙間《すきま》だらけです。ジグソーパズルは決して完成しません。つまり宇宙の大調和、地球の大調和も完成しないということです。ですから、彼らは、皆違っていていいんだよ、人と違ったことをやっていいんだよ、と社会に学ばせる大きい役割があるのです。

また、不登校になることで、社会から変な目で見られたり、劣って見られる、という経験を持ちます。そのことを通し、いかに自分が社会に認められるかではなくて、いかに自分で自分を認めるかということが大事なのか、気づくことができるのです。社会に認められるより、自分で自分を認めることが本質なのです。

さらに、不登校になることで、子どもの親は、悩み、もがきます。自分のしつけが悪かったのではないか、子どもを学校に行かせていないことで、どんな親かと不審に思われるのではないか、あるいは学校へ行っていなかったら、将来この子は、社会につぶされてしまうんじゃないか、と心配します。

親にとっても、そういう常識や世間体から脱却するための気づきや学びになるのです。子どもが不登校の役をしてくれ、その親の役を受け入れることで、社会にどう思われても、自分の子どもの個性を、大切に守ってやろうと思えるようになったり、それを認めてやろうと変わります。親子の愛情というのは、愛情の中でもっとも強い愛情なので、親はもがくのです。こうした親子関係から、「人と違っていていいんだ」ということを学ぶのです。

子ども本人も、皆ができることでも自分はできなくてもいいのだ、と学ぶ。皆ができないことをできるほうが、自分にとっては大事だし、自分の魂の意識を喜ばせることができるんだ、ということを学ぶのです。

これからは、「学校に行かなくても、社会の集合意識が認めてくれなくても、社会に貢献できる能力は、自分で見いだせる世の中」に移行してゆきます。目に見えないエネルギーが優位になる世界の中で、そういった新しい観念を世に広めていくことが必要になります。自分に対してもそうですし、社会に対してもそうなのです。

同じことを
しなくても
いいんだよ。
違っていても
いいんだよ。

仕事がうまくいかないとき、どうすれば良いのでしょうか

仕事は、自分が生きてゆくためには必然なもの、絶対なくてはならないものとなっています。

ただ、地球は、制限だらけの思い通りにいかないところで、仕事も思うようにいかないことが多いわけです。いろんな悩みや困難にぶつかります。そういうときにどうすればいいのでしょうか。

私たちが知っておかなくてはいけない大事なことは、「地球社会というところは、自分の思い通りにいかないことで、自分がより進化・成長できる」ということです。うまくいかないことで自分が必要な気づきや学びを得るのです。これを知っておかないと、「うまくいかないのは、自分がついてないからなんだ」とか「自分は本当に何をやっても駄目なのだ」と自分に対する自信がなくなってしまい、生きる希望をなくしてしまうということが多いわけです。

うまくいかないときに一番よくないのは、うまくいかないのには、何か原因があるのだと、「原因と結果」で考えることです。そうすると、もしうまくいかないときには、「自分は

駄目なんだ、自分に原因があるんだ」といってもがくのです。じつは、これが大事な可能性のポータルを閉ざしてしまうということにつながるのです。

前にも言いましたが、「うまくいかないことも、あなたの魂の意識が選んだ最高傑作のシナリオである」ということを思い出してください。

あなたが、いつどこでどういう仕事について、どういう体験をするかということをシナリオで選んできているので、いつどこで、どういうふうにうまくいかないかということには、理由があるのです。理由というのは、自分が生きている生き方が悪いということではなくて、魂の意識が進化・成長するために必要な、シナリオ上の理由です。それはそういうことに気づくため、学ぶためなのです。

その課題をこなした時点で、うまくいかない体験をする必要がなくなるので、つぎは仕事をうまくいく方向に変えるという魂の選択もできます。また、うまくいかないままで、自分を変えてやるという選択もできます。もしくは、うまくいかないから、ほかの仕事に転職するという選択もできます。いずれにしてもいろんな選択ができるのです。

転職する場合も、決してもがいたまま転職してはいけません。不安を少しでも抱えたまま転職すると、決してうまくいきません。「自分は転職していいのだ。これが最高のシナリオなのだ」という状態になってから転職することが大切です。まずは「これでいいのだ」と受け入れ、ＤＮＡのからみをほどいてから実行しましょう。

仕事がうまくいかないときは、
あなたの最大のチャンスである。

人間関係がうまくいかないとき、改善するにはどうすれば良いのでしょうか

地球上の生物で一番多いのは、もちろん微生物です。でも一番悩むのは、高い感情レベルの意識を持った人間なのです。微生物や植物は悩みません。動物はちょっと悩むかもしれませんが、あまり悩みません。人間だけが高い知能を持ってしまったがために、とても悩むのです。もがくのです。

そして、一番悩む要素は、人間関係です。人間関係がうまくいく方法をマスターしていくことは、これから地球社会で、楽で愉しく「ぷあぷあ」生きるための、また、お喜びさまで生きるための非常に大きなキーになります。

皆さんの本質は、目に見えない振動する魂の意識エネルギーです。その魂エネルギーが進化・成長する相手としか交流を持たない、という原則を覚えておいてください。自分の魂の意識というのは、私たちが思っているよりずっと繊細で、非常に賢いのです。ですから決して無駄はしません。自分が進化・成長を得られない人とは、出会わないのです。

その魂の意識が自分を進化・成長させるために会う人間のタイプには二種類あります。一

つは自分と同じ振動数のエネルギー、魂の意識のエネルギーレベルが同じ人です。例えば自分がすごくエネルギーが上がって、高い能力を持っていたら、周りにも高い能力の人が集まってきます。いわゆる引き寄せの法則ともとらえることができますが、そのようにお互いが交流することで、学び合います。そして進化・成長できるのです。

そして、もう一つは、まったく逆を引き寄せるのです。自分の振動数が高いときは、低い人間を呼び寄せます。自分が怒りいっぱいのときは喜びでいっぱいの人を引き寄せます。自分が喜びでいっぱいのときは、怒りとか悲しみがいっぱいの人を呼び寄せます。

正反対こそ最大の学びであるということを知ってください。まったく反対、正反対こそ最大の学びなのです。まったく逆を引き寄せることで、自分にない要素に気づいたり、学べたりするのです。それが自分の進化・成長のステップになります。

ですから「なんで私にこんな人が寄ってくるの？」と感じることがあるのです。

自分に最適な人としか、交流はしません。相手にとっても同じです。ですから相手がいい人であっても悪い人であっても、お互いにとって最大限の最高傑作の相手だということです。どんな出会いでも、「ありがとう」「お喜びさま」「嬉しいです」と相手に言ってください。これこそが、人間関係を良くする秘訣です。お互いがそこで気づき学べることがあるのです。夫婦喧嘩《げんか》ばかりしていても、恋人同士で喧嘩していても、会社で上司と喧嘩していても、そういうことです。

あなたの魂が
もっとも
喜ぶ相手しか、
あなたと
交流しません。

自分に合った仕事や生きがいは、どうすれば見つかるのですか

　多くの人が、自分の生きがいや使命を見つけようとしています。生きがいに気づいた人は、農業に転職したり、田舎で暮らしたり、脱サラして自分で事業をしようという人がたくさんいます。いまはそういう流れがすごく強い時代だといえます。

　しかし、その見つけ方を知らないと、皆さんは自分に合った仕事や生きがいに出合えないし、もがいて終わってしまうのです。

　前にも申し上げましたが、まずベーシックな情報として知っておく必要があるのは、あなたの魂の意識は、自分の個体を選んだときに、自分がどういう人生を歩むか、どういう職業についてどういう思いを持って生きるか、ということを、あなたの細胞のＤＮＡレベルで、すでに選択しているということです。

　ですので、まずは、あなたの現在の仕事や、現在の自分の状態を認めてやることが大切です。自分は自分のシナリオ通りに存在しているのだと認めることによって、いまの仕事に対して、合う、合わない、という観念がなくなってきます。

そうなると「いまの仕事は自分に合っているのだろうか」とか「自分の求める仕事はなんだろう」というふうに、「探す」ということがなくなってきます。いまこの瞬間、これでいいのだということだけを求めるようになるのです。そうすると、次に起きてくることは、いままで自分のやっている仕事がものすごくつまらなかったのに、いまの仕事の中で新しい楽しみや喜びを見出すことが増えてくるようになるのです。

もし、それで喜びや楽しみが見つけられなかったとしても、いまの仕事以外に、新しい趣味だとか、興味を持つことが生まれてきて、何らかの楽しめることを見つけ出せるようになります。いまの自分は「これでいいのだ」と受け入れることによって、自分の可能性のポータル（松果体のポータル）が開くので、あなたの中のいろいろな可能性のある宇宙の扉が開くことになるわけです。

いまの仕事がどうしても自分の求めているものではなかったというときには、自分が興味を持ってきたもの、新たに世界が開けてきたものが、ふとしたきっかけで、新しい仕事になったりします。また、望む転職が叶ったりします。

ですので、生きがいを見つけようとしているうちは見つかりません。使命も同じです。自分に合っている仕事を見つけようとしているうちは見つかりません。これが大原則です。いまの自分はこれでいいのだと受け入れることによって、いろんなチャンスが舞い降りてくるのです。

いまの仕事や
いまの自分を否定せずに、
これでいいのだと
受け入れることによって、
皆さんの天職や生きがいへの
可能性の扉が開かれます。

どうすればお金持ちになれるのでしょうか

地球社会において、ある人が行ったアクションを、ある人が受け取る、その仲介役をするものがお金です。宇宙レベルにおける魂の意識同士の交流では、何かを与える人とそれを受け取るという行為は、本当は瞬間的に起こるべきことなのです。時間も介在せず、物も介在しません。

しかし、地球社会はエネルギーレベルが低いため、どうしても時間軸と空間枠に従わないといけません。その結果としてお金というものが出来上がりました。

お金にも意識が乗っています。ですから、お金は自分をハッピーにさせてくれる人のもとへやってきます。

高い次元でとらえた場合には、お金にも意識があるので、お金があなたの仲介役をしてくれることに感謝しなくてはなりません。何か価値を得たときにお金を払うわけです。何か価値を得たことをお金として相手に届けるわけですので、自分に価値を得させてくれたことに対して、「ありがとう」という観念をお金に置くのです。

「ありがとう」「お喜びさま」「嬉しいです」です。その観念をお金に投げかけてやることによって、そのエネルギーはお金を通して、次のところへ行きます。そして、そのお金を得た人が、そのエネルギーを得るわけです。

感謝されると皆、気持ちいいですよね。これは、お金も同じです。

エネルギーを運んでくれて、価値を運んでくれてありがとう、とお金の役割を認めて、感謝するのです。

お金を得るときにも、お金を払った人の想いや感謝を届けてくれて「ありがとう」と感謝すればいいのです。「お金は循環させてやりなさい。回してやりなさい」というのはそういうことです。このように、お金は自己の存在意義を高めるのです。

どうしてお金にサポートされない人が多いかというと、お金を単なる物質だと思って、あればあるほど幸せだという方程式を描いてしまっているからです。お金の存在がイコール幸せではありません。お金の意識がよければ、それはあなたに幸せを運びますが、お金に乗っている意識が不幸せであれば、イコール不幸せなのです。

エゴの塊でお金を使ったり、騙《だま》すことでお金を得たりした場合、そういうお金には、ネガティブな観念が乗るので、お金自体もアンハッピーになり、そのお金を持っている人もハッピーにはなれないのです。

お金持ちになるには、
お金をハッピーにさせてあげましょう。

人に裏切られたり騙されたりしたとき、どうすれば良いでしょうか

信じる人に裏切られるということは、すごく傷つくことです。また、詐欺などは、社会的にも許されることではありません。しかし、裏切られたり騙されたりするときは、もっとも気づきと学びが大きい瞬間なのです。

社会の中や自分の環境では、騙した人は悪人です。そして、自分は不幸で、ついてない善人であるという方程式を置くわけです。

裏切られた、騙されたことで学ぶ要素はとても大きいのに、裏切った人、騙した人を恨み、悪者にして、裏切られた自分は不幸だと思ったり、騙されてしまった自分への罪悪感を抱いたり、後悔したりするのです。

罪悪感や後悔というのは、自分の魂エネルギーの振動数をもっとも下げる感情です。つまり、このときに皆さんは意識の大変換が必要になるのです。

すべての体験は、自分の魂の意識が必要としている最高傑作です。すべての体験、つまり騙されることも裏切られることも、すべて魂の最高傑作。自分の魂の意識が望んでいること

になります。つまり相手との間には、相手が騙す役割、裏切る役割、自分は騙される裏切られる役割という約束があったのです。

騙したほう裏切ったほうは、自分がこういうことをしたら、人がどういうふうな思いをするとか、社会をどういうふうに乱す、とかいうことを、自分の学びにするだけではなく、社会にも学ばせるのです。

騙されたほうも、そういったダークな部分も知っておくことで、自分の意識が安定し、感情も安定します。そして、人は騙すこともあるのだなと気づく。騙すのは、騙す側にもそうしないとどうしようもなかった、騙さざるを得なかったのだと、認める。その状況を私は引き受けたわけだから、相手にとっても恩恵を与えたのだ、騙す人間をサポートしてやったのだ、という気持ちがすごく大事なのです。

騙されたり、裏切られたことによって、されたほうもたくさん学ぶわけです。感情というものが、それぐらい変わりやすいものであるということを学ぶのです。

お金を損するとか、愛情を踏みにじられたという感覚が生じますが、それも本当のお金や、本当の愛情を得ることの大切さを学ぶために、必要な体験なのです。

裏切った人や
騙した人に、
気づかせてくれて、
学ばせてくれて
ありがとう、と
感謝してみましょう。

欲しいものは手に入れないと気がすみません。物事にとても執着してしまいます。どうすれば良いのでしょうか

執着するエネルギーというのは、実現可能な能力を減らしてしまいます。実現の可能性をもっとも小さくしてしまうのが執着なのです。

例えば、物が欲しい、誰々の愛情が欲しい、こういう地位につきたい、お金が欲しいと願ったとき、それればかりに執着していると実現しにくくなるのです。

ものごとは、その瞬間瞬間にしか起きません。

自分に必要なものが欲しいと思うとき、「いまここの自分は、それを手に入れていない」と設定しています。ですから、いまここの意識エネルギーが現実化しているにすぎない人生において、ずっと永久に「手に入らない」現実が現れます。

すでに「手に入れている」世界が、同時にパラレルとして存在していて、ただそれにアクセスすればよいのです。そのためには、感情をゆるめ、ほどいて、すでに「手に入れている」という感情を作ることです。

イルカはその瞬間の感情しか持っていません。ほとんど執着を持たないのです。しかも人

間のように、一つの感情だけにガチッと執着していないのです。いろんな感情を同時に持っていて、その瞬間に選んでいるだけなのです。嬉しい、悲しい、怒り、喜び。ぱっぱっと瞬時に選んでいるだけなので、非常に安定しているのです。

意識をいったん解放してやることが大事です。例えば本当に愛情が欲しいと思ったら、愛情はいらないという意識をいったん感じてみる。もしくはお金が欲しいと思ったら、お金はいらないという意識に一回自分を持っていく。その意識を持ったときに、逆の自分を少し感じてみることです。

短い時間の瞑想《めいそう》でもいいので、「違う感情を持ったときには、自分はどういう生活をするのだろう、どういう自分になるのだろう」と、まったく逆の環境を一回体験してやるといいのです。そして、その時間を少しずつ長くしていくと、だんだんバランスの取れた感情が持てるようになってきて、「そういえば最近執着してないな」と感じるときが来ます。

それが、「ほどく」ということなのです。

イルカのように、
あなたの感情を
自由にしてあげて
ください。

嫉妬深い性格はどうすれば良いのでしょうか

嫉妬深いというのは、ある人を見て自分が劣っている、ある人のある状態が自分には成し遂げられていない、自分は持っていない、というところから生まれる感情だといえます。

嫉妬することは、「人にはあって自分にはない」という設定をしており、「ない」という設定をした時点で、「ない人生」が創造され、見せられてしまうのです。

ある人のある状況を見て、自分もそのようになりたいという感情は、自分の意識を生きずに、他人の意識を生きているところから来る感情です。大宇宙の森羅万象《しんらばんしょう》は、ジグソーパズルであり、その一ピースである皆さんは、それぞれ、あるべき姿だとか、あるべき状態だとか、あるべき感情だとか、あるべき性格というのが全部違っているべきなのです。

ある人にとってそういう状態がいいと見えたとしても、それはあなたの魂が求めていることとは違う場合が多いのです。ですから、最初、そのような感情が起こったときには、果たしてあなたがその人のようになったときに、あなたの魂が本当に求めているかどうかということを確かめる必要があります。

その方法は、自分がなりたい人に自分がなったという世界を一回想定してみる。なりきってみるのです。「自分がそうなったら、どういう生活、態度になるだろう。どういうことをするだろう。どういう自分になるだろう」というのを想定したうえで、果たしてそのときにもっとも居心地がいいだろうか、と問うのです。

嫉妬している対象の人も、本当にハッピーだとは限りません。よく見えていても本当の魂はハッピーではないかもしれない。魂がハッピーというのは楽で愉しい状態です。

愉しいということは、あるかもしれません。楽ということもあるかもしれません。でも、両方持っているかどうかというのが、すごく大事な点になるのです。その両方を持っていたら、あなたの魂が本当に求めることなので、嫉妬しなくても、あなたには実現できる能力があります。

想像したとき、もし本当に楽で愉しい感覚を味わえたなら、あなたの魂のシナリオに乗っていることなので、必ず実現します。あなたはそうなったと、なりきって生活することによって、どんどんサポートが得られていきます。

また、たとえ、シナリオになかったとしても、「これでいいのだ」と受け入れて、からみをほどくことにより、新たな、あなたの望むシナリオを書き加えることが可能になります。

人と比べることはやめなさい。
ゆるんで生きれば、
嫉妬しなくても、
理想の自分になれます。

親の介護がとても大変なのですが、どうしたら良いでしょうか

親の介護をすることで、自分の人生を生きられなくなっている人のいかに多いことでしょうか。本来介護というものは、介護されるほうも介護するほうも、魂の意識が解放された状態で行われるべきです。

一番の問題点は、いまの現代医学と現代社会でつくられた常識と固定観念です。生きていること、生きながらえることが善であり、死んでしまうことが悪であるということです。

そして、生きながらえさせるためには、本人が食べたかろうが食べたくなかろうが、とにかく人工的にでも栄養をとらせる。点滴でも胃管チューブでもとるというやり方をしていますし、本人は動きたくないのに無理やり運動させたりしています。

大事なことは、本人の納得する死を迎えられるかどうかということなのです。人は自分が地球の人間で生きるときに、何歳でどこでどういうような死に方をするというシナリオをすでに選択しています。その選択された死というのは、絶対に「もがく」死ではないのです。穏やかで、自分がすべて納得して、これでいいのだと思い、最期を閉じる死なのです。

家族の世間体や、介護する側のエゴにとらわれてはいけません。親の介護を一生懸命やっていないと、情のない、非常識者と思われてしまうかもしれない、という世間体でやる介護。または、とにかく生きながらえさせないといけないという、まちがった常識と固定観念による介護。これが介護する本人をもがかせ、されるほうにも苦痛を与えるということです。

本当にこの介護を望んでいるのか。本当は食べたくないのに、無理に栄養を入れていないか。本当は生きたくもないのに、生きながらえさせることを強いていないか。本当は動きたくないのに無理に動かしていないか。

表情や声のトーンで、その人がハッピーかどうかわかるものです。本当にこれでいいんだという表情でいるかどうか。苦しみながら生きながらえていると感じたら、それは本人が望んでいることではないのです。穏やかな表情になっている状態で食べないのであれば、食べないことを望んでいるのかもしれません。

無理やり栄養を入れることで、むしろ苦痛を与えていませんか？　心臓がもう働かなくなっているのに、無理やり心臓を動かす薬を点滴して、その人の表情は本当に穏やかですか？　世間体で介護はしないでください。自分を正当化するための介護はしないでください。介護される本人の魂の意識と向かい合ってください。どこにその人の魂の穏やかさ、楽で愉しい終着点があるのかを感じてあげ、そこに一緒に向かってあげてください。

介護というのは、介護する人間が
自分のためにするものではありません。
介護される人の魂を
ハッピーにさせるための行為なのです。

他人の目ばかり気になってしまうのですが、どうしたら良いでしょうか

本当の自分を生きていない、周りの人の目に左右されて生きている方は、ものすごく多いのではないでしょうか。

自分を生きることこそが、あなたがもっとも健康で幸福に、楽で愉しく生きることにつながります。自分を生きるということは、自分の宇宙の叡智とつながることなのです。

人の目を気にするということは、人によく思われたい、人に理解されたい、人に評価されたいという気持ちの裏返しなのです。つまりあなたがハッピーになる、楽で愉しくなるための感覚ではなくて、あなた以外の、他人の意識がハッピーになる感覚を、あなたが作り出そうとしているわけです。

あなた以外の、他人の意識がハッピーになることは、あなたの魂をハッピーにすることとは、まったくちがいます。あなたが他人の魂の意識をハッピーにさせる生き方をしているかぎり、あなたの魂の意識は絶対に自分の宇宙の叡智とはつながりません。そして、自分の魂の意識が何を求めているかに気づくこともないでしょうし、それに向かうこともないでしょ

う。

一番あなたに必要な勇気は、あなた以外の他人が、あなたをどう思ってもいいのだ、と思うことです。じつは、ほんとうの「あなた」は、いまを生きている「あなた」だけではなくて、生きていない「あなた」も、同時にエネルギーとして存在しているのです。過去のあなたも未来のあなたもいまのあなたも、パラレル自分宇宙として全部同時に存在しています。それをひっくるめたものが、あなたの「大宇宙」なのです。

一方で、あなたが「気にしている」別の人の宇宙も、同じようにあります。その人も、その人の自分宇宙というものがあるのです。それは、あなたとはまったく別のシャボン玉なのです。それは、その人の「大宇宙」です。

あなたが生きているシャボン玉の自分宇宙と、あなたが気にしている他人のシャボン玉の自分宇宙を、同じ宇宙だと思っていませんか？　だから、相手によく思われること、認められることが、自分の幸せだと勘違いしているのです。

人と交流するときは、ただ、大宇宙同士で、シャボン玉同士が接している、交差しているだけなのです。自分以外の宇宙のことを、どうしてあなたが気にする必要があるのでしょうか？　そのようなことばかりに意識を向けているかぎり、あなたは永久に自分の宇宙を、幸せなエネルギーで包むことはできません。あなた自身の自分宇宙のシャボン玉をなおざりにせず、ハッピーにさせることこそが何より大切なのです。

あなたの生きる自分宇宙と、
あなたが気にする人の自分宇宙は、
まったく別です。
ですからあなた自身を
ハッピーにしてあげてください。

努力してもだれも認めてくれません。自分ばかり損をしているような気がするのですが、どうすれば良いですか

人から認められるために努力しているということは、イコール他人を生きているということになります。これではハッピーになれないのは当然です。認められないのも当然です。

認められなくたっていいのです。世間、他人といった、自分以外の集合意識や他人意識が認めることというのは、たいしたことではないのです。これからの社会は、かえって人から理解されないことのほうが、すばらしいことになっていきます。ですから、人から認められなくてもOKなのです。決して気にすることではないのです。

皆さんがこれから生きようとしている世界は、物質社会を超えた、目に見えない霊性の社会に入ります。そうすると目に見えないものが、皆さんにものすごく影響をあたえるようになります。ということは、いままで常識とされてきた生き方を変えないといけなくなります。

努力というのは、そもそも、皆さんが本来望んでいる、楽で愉しいことではありません。時間軸でいう、将来の自分の姿を達成するために、いまは我慢してそれをやり続けることを

努力といいます。いま、日本社会をリードしているビジネスパーソンも、皆そうやって生きてきました。それはここまで来るのに必要だったプロセスなのです。でも、新しい地球では、もう努力はしないほうがいいのです。

いままで私たちは、「好き勝手ばかりやって、努力もしないで怠けていたら、あなたも周りも不幸になりますよ」と教わってきました。でも、これからの時代は、人から「いつも好き勝手なことばかりして……」と言われても、あなたの魂の意識が求めることをやることが大切なのです。そうすることで、あなただけでなく、周りもハッピーになるのです。そういう時代に変わってくるのです。

損得とはなんでしょうか？　得イコール善で、損イコール悪でしょうか？

前にも申し上げましたが、善悪という概念を作った途端、または、損をしている、得をしているという観念を受け入れた途端に、あなたは宇宙の叡智とつながらなくなるのです。宇宙のサポートを得られなくなります。

損をしたらいいじゃないですか。なぜなら、得をする人間をあなたが作っているのだから。損をするのは、得をする人間を作るためのあなたの役割なのです。それでいいのです。自分にとって損か得かは、霊性の社会では、まったく気にする必要のないことなのです。

努力はやめなさい。
楽しみなさい。
損はあえてしなさい。
得を作るから。

好きなあの人へ自分の想いをうまく伝えるためには、どうすれば良いのでしょうか

自分の想いをどうしてうまく伝えられないのでしょうか。

それは、自分がこう言ったら相手はどう思うだろう、どういう反応をするだろう、ということを中心に考え、行動するからです。これでは絶対に、魂の交流はできません。スムーズに、本来の自分を輝かせる（＝楽で愉しく生きる）方向には行きません。

皆さんの魂の意識というのは、生まれたとき、既に交流する人、交流する内容、交流するタイミングを選んでいるのです。ということは、ある人に想いを伝えたいというときは、ある人自身も、伝えられたいという状態であるという方程式ができているといえるのです。伝えたい、とある人が思うときは、対象の人も伝えられたいときなのです。これは、宇宙の大方程式です。

そうすると、相手が伝えられたい情報をもっとも伝えられるかどうかが、ポイントになります。どういうときに伝えられるかというと、自分がもっとも楽で愉しい状態で発言をするときです。

言うタイミング、言う場所、言う内容、すべて皆さんは、このタイミングかな、この場所がいいかな、ここがいいかな、もしくはこういう内容だったら、というふうに相手を中心に考えて行動しています。

相手の意識が基準ではありません。相手ではなく、自分の本当の宇宙の叡智とつながれば、相手も喜んでくれ、相手も最高の状態になります。自分の意識で生きないときには、宇宙の叡智とは途切れます。相手のことを考えたときに宇宙の叡智と途切れてしまうのです。

自分がもっとも楽で愉しい、ワクワク感とぷあぷあ感がある状態のタイミング、場所、内容を見つけたとき、すべてはうまくいくのです。

たとえ、これでうまくいかなかったときにも、それも必要なシナリオであるという「気づき」になります。つまり、一回うまくいかないということも、シナリオに書かれているということになります。自分がワクワク、ぷあぷあで行動しても、相手がいい反応をしてくれなかったときは、「今回は悪い反応をしてくれて、ありがとう。また次のチャンスを与えてくれて」「一回断ってくれてありがとう」ということになります。

そのためには、常に「肯定的でポジティブな意味」を置き続ける必要があります。いったん「ネガティブな意味」を置いたとたんに、この流れは途切れます。永久にポジティブな流れを置いていれば、必ず自分も相手も喜ぶ方向に向かうのです。

相手の望むことではなく、
自分が求めることを発信しましょう。

失恋して立ち直れないのですが、どうすれば良いのでしょうか

この地球には、時間軸がすごく強いという特徴があります。過去があって、いまがあって、未来がある。ですから、過去にすんでしまったことは、取りもどせないという、非常に強いエネルギーの枠があるのです。そのため、後悔の念というのが強く、それが、自分の宇宙の叡智とつながらなくさせる、非常に大きな要素になります。

失恋してしまった人は、あのときこうしておけばもっとうまくいったんじゃないかとか、あのとき相手を傷つけてしまったんじゃないかとか、私が悪かったんじゃないかという、自責の念にかられてしまっていたり、もっと悪いのは、相手を悪く思ってしまったりしています。つまり、過去に執着しているわけです。過去に執着するということは、「いま」のエネルギーがまったくないわけです。

引き寄せの法則や鏡の法則もそうですが、大宇宙の法則では、「いま」のエネルギーが跳ね返って現象化するだけなのです。ということは、「いま」のエネルギーを生きずに、過去

に自分がこうだった、相手がこうだったということばかり思っていると、そう思うエネルギーが未来にもどんどん影響を及ぼしてきます。

自分を悪いと思ったり、相手が悪いと思わせる現象が頻繁に起こるようになって、どんどん悪循環にはまってしまい、結局失恋から脱出できないという結果になります。

ですので、大事なことは、ここでも自分の人生のシナリオ（私は失恋するというシナリオ）を書いていたのだ、というふうに考えたらいいのです。シナリオにないことは体験しません。ただシナリオに書いてあっただけなのです。

そのときに、「あ、自分は失恋して、大事なことを学んだな、学ばせてくれてありがとう。学んだ自分に対しても誇りを持とう」というふうに考えればいいのです。自分を受け入れ、かつ相手も受け入れていけば、それがシナリオとしてうまく作動しだすわけです。

「こうすればよかった」という後悔の念は、強くＤＮＡエネルギーをからませます。しかし、それでよかったのだ、と相手と自分を受け入れることで、一気にほどけるのです。

ほどけたことで、自分が気づき、学びがあったわけですから、いまのエネルギー、自分のエネルギーが、進化・成長します。そこで一気に新しい展開が起きて、進化・成長したあなたに見合う相手が、必ず必要なタイミング、必要な場所に現れるのです。

後悔は、あなたのエネルギーを下げる
もっとも大きな要素です。
過去の体験は「それでよかったのだ」と
受け止めよう。

結婚したいのにできないのはなぜでしょうか。このまま一人で生きていっても良いのか不安です

結婚というのは、人間にとってビッグイベントです。

大事なことは、皆さんが地球上で会う人間というのは、すべて魂の意識が選んだシナリオの一つだということです。特に、結婚するであろう相手と出会うということは、これは大きなシナリオとして描かれていて、地球に来るまでの、皆さんの魂の意識が、そのタイミングで、そこで、そういうふうに出会おうという、お互いの魂の同意が既にあるわけです。

そして出会ったときに、スムーズに結婚しようというシナリオを描いていた二人は、そのまま結婚するわけです。

しかし、お互いが成長するために、思い通りにいかないシナリオを設定していた場合は、もがくのです。

わざわざ、うまくいかないシナリオをちょっとやってみようよ、と同意したうえで、お互いに振るとか振られる役を設定して、相手がどう考えているか悩んだり、相手のことを恨んだり、自分のことを蔑《さげす》んだり、自分を嫌ったりということをやりながらお互いにもがくわけ

です。なかには、その後うまくいくカップルもあります。その人たちは、二人の間でそういうシナリオが描かれているのです。それはそれで「お喜びさま」なのです。

しかし、それで破綻《はたん》するということを選んだカップルも、じつはすべて「お喜びさま」なのです。破綻することで、お互いが新しい旅立ちを持つのがもっともいいシナリオだ、ということがわかっていた二人なのです。

そうすると、次の新しい出会いをもって、新しい結婚があるわけです。ですから、人生において必要な相手というのはすべて、魂の設定で決まっているわけです。いつどこでどういうふうに会うか、すべて決まっているのです。ですから、うまくいったらそれでいいし、うまくいかなくてもいいのです。すべて、「私のために現れてくれてありがとう」なのです。

結婚相手が現れないということは、まだそのタイミングではないということです。無理にそこでもがかないことが大切。ゆるんでいれば、ＤＮＡがほどけていくので、必ずタイミングがやってきていい出会いがある。ＤＮＡというのは、書き換えることができます。ほどけて、「これでいいのだ」と思ったときに、新しいシナリオを書き加えてやることができるのです。これが人間の無限の可能性なのです。

あなたが望めば、
最高の結婚は
あなたに訪れます。

不倫をしてしまっている自分が嫌なのですが、なぜかやめられません。どうすればいいでしょうか

不倫というのは、地球でできた概念で、宗教によっては厳しく禁じられたり、一夫多妻制など、寛大に許されることもあります。しかし、われわれが生きているこの社会では、やっぱりタブーとされています。

では、どうしてこういう悪いとされることが世の中で起こるのでしょうか。それには理由があります。世の中の悪いことというのは、いいことを学ばせるために必要な存在だからなのです。ですから、大宇宙的に言うと、夫婦愛を学ばせるために不倫という行為が存在しているといえるのです。

地球に生まれてくるときに、「不倫をしようよ」と魂のソウルメイトたちが約束してきたというのが、不倫をしてしまう理由の一つです。

どうして約束したかというと、お互いが不倫をすることで、社会の批判を受け、非難を浴びてお互いが学ぼうと決めたからです。非難されるということは強烈に苦しいことなので、それだけ気づきや学びが大きいのです。それから進化・成長することで、新しいステップが

踏めることになるのです。

もう一つは、自分たちが不倫というものを社会に見せつけることで、社会に本当の愛を学ばせる、という役割があるということなのです。

しかし大事なことは、地球という枠の社会にいるので、それによって悲しんでいる存在が必ずいるのです。それには、ごめんなさい、と心から詫びることです。役割を果たしているのでごめんなさい、と心から反省していれば、シナリオになかったとしても、最終的には自分のシナリオが書き換えられることになります。

日本社会では不倫は確かに悪いことなのですが、大宇宙の法則から言えば、不倫をしている人たちも、された側も、これでいいのだ、ということなのです。お互いが学んで成長することになるので、決して自分が悪いことをしているとか、駄目なのだとかということばかり気にするのではなくて、自分はどうしてもこれをやらざるを得ない役割なのだ、といったん認めてやる。そして、ごめんなさい、役割です、と言って自分を受け入れていくことによって、DNAのからみがほどけるので、自分も周囲も気づいて学んで進化・成長できます。そして、いつかは、いい状態に解決していきます。

不倫というのは、
本人たちのみならず、
周囲に、大きな気づきと学びを
もたらすものです。

言うことを聞かない子どもは、どう育てれば良いのでしょうか

鎌倉の診療所にも、言うことを聞かない子の相談をご希望される親御さんとともに、自閉症、ADHD（注意欠陥・多動性障害）、発達障害のある子どもたちが、たくさん来院します。

じつは、親子になるというのは、地球に来る前に、お互いの魂の意識が約束したことなのです。では、どうして自分がその人の親や子どもになろう、というふうに選んだのでしょうか。それは、もっとも自分の魂の意識を進化・成長できる相手を選んだからなのです。

地球社会の常識や固定観念でいくと、優秀、優秀ではない、いい子、悪い子という概念で見てしまいますが、魂的に言うと、お互いにもっともいい相手なのです。すばらしい、最高傑作の相手なのです。最高傑作の親、最高傑作の子なのです。

確かに、子どもが言うことを聞かないと、親はすごく苛立《いらだ》ちます。どうしてこんな子を生んでしまったのだろう、こんな子に育ててしまったのだろう、という親の苛立ち。自分の教育が悪かったのだろうか、などと、自分を責めたり、生まれた子どもを責めます。

　生まれてきた子どもで、どうして僕はこんなに怒られてばかりなの、どうして言うことをわかってくれないの、どうして親の言うことを聞かないといけないの、というふうに、親と子でやり合うわけです。これは、子育ての経験がある方は、よくおわかりになると思いますが、ものすごくエネルギーを使います。やっぱり親は子どものことには必死です。

　子どもと親はお互いに、いちばんわかってもらいたい。必死で自分をわからせよう、自分を認めさせようとする。親子というのは、夫婦や恋愛以上に、遺伝子のつながりがあるので、必死になるのです。

　そうすると、自分をわかってくれない相手を責めたり、自分自身を責めたりするのですが、そのときにこそ、相手を「許す」という学びが出てきます。

　親子というのは特に、もっとも責めやすいけれどもっとも許し合いやすい関係なのです。ですから、「こんな親子で学ばせてくれてありがとう」と言うのです。私たちはお互い約束して出会ったのだから、「こんなことを体験させてくれてありがとう」とまず親が学ぶのです。そして、からみがほどけます。

　子どもは、皆さんが思っているよりずっと繊細です。親のエネルギーが変わったら、すぐにそれを感じます。自分を認めてくれたことを感じ取るのです。子どもは認められたくて必死なのです。自分のことをわかってほしくて。自分をわかってくれた、認めてくれた、となると、子どももほどけるので、親に対してすごく素直になれるのです。

親子の関係は、
じつはお互いが、
自分の先生なのです。

離婚を考えていますが、子どものことを考えるとなかなか踏み切れません

離婚というのは、地球社会の善と悪で考えると、悪に分類されます。やはり夫婦円満でいて、子どもにもいい家庭を築いてあげるというのが、社会の善になっています。しかし、大宇宙的には、善も悪もありません。

ここで大事なのは、何度も申し上げているように、自分が体験する人生のこと、身体のことは、すべて、自分が選んだシナリオに書かれていることしか体験しないということです。もし、離婚をしないといけないのであれば、離婚をするということがシナリオに書かれています。

離婚のように、長い人生のうち、人生の決断をしないといけないときが必ず来ます。そのときに、子どもはどうなってしまうのだろう、とか、将来どのように生きていけば良いのかと、いろいろもがくわけです。

でも、もう最終的には、「しかたないのだ」と、もがいたまま決断することが多いのではないでしょうか。しかし、もがいたまま離婚すれば、もがいた結果しか生まれないのです。

DNAエネルギーがからんだままだと、気づきや学びは決して生まれないので、もがくことしか体験しないのです。

しかし、離婚をしそうになって非常に危機的な状態のときでも、自分はこの状態が起こることで学ばせていただいているのだ、と思うことが大切なのです。離婚するかもしれないけれど、もし離婚したら、これも自分と相手にとって必要なことだったと受け入れるのです。離婚に至らなくても、それは、しないというシナリオだったのだと認めることが大切なのです。いずれにせよ、この時点ですでにからみをほどいているわけです。

すべて「これでいいのだ」と受け入れると、離婚をするという方向でシナリオを書いている場合は、非常にスムーズに、お互い円満に離婚できます。心配していた子どもも、「パパ、ママ、これでいいよ、僕これで大丈夫だよ」って、すくすく元気に成長していきます。将来の心配もなくなります。これは、ほどいたときに起こるシナリオなのです。

さらに、「これでいいのだ」という境地で生きていると、離婚しないという解決法も生まれてきます。お互いに認め合って、お互いに「ごめんね」と言い合って、ともに「十分学べたね」、「あの時期があってよかったね」と言い出します。そうすると、離婚の危機を得たおかげで、お互いの結びつきが強くなって、一段といい家庭になる。もしくは別居しようという結論もあるかもしれません。ただ、大事なことは心がからんでいないこと。そしてDNAがからんでいない状態では、すべてが正解なのです。

夫婦関係は素晴らしい学びであり、
良い悪いはありません。
魂にとってはすべて課題なのです。

ソウルメイトって、本当にいるのでしょうか

体を持たない魂の意識は、誕生してから地球にやって来るまでに、果てしない旅をしています。その中で、いろんな魂の意識同士の出会いがあります。重い出会い、軽い出会い、非常にいい出会い、ちょっと嫌な出会いとか、いろいろな出会いをしながら自分が進化・成長してきたわけです。

その中で、エネルギー面で非常に運命的な出会いをした場合、これはもう一度、身体を持った状態で出会って、物質的な結びつきを体験したいと思うのです。魂同士のときの出会いというのはとても自由なので、思いがすぐ実現してすごくいいのですが、身体を持って交流を体験することで、違った形の進化・成長を愉しむのです。

宇宙の中で魂の意識エネルギーのときに出会い、お互いが違った形で交流を感じてみたいね、と約束し合ったのがソウルメイトなのです。

ソウルメイトたちは、地球の、ある特定の時点、ある場所、ある関係で、というようにすべてシナリオを決めて出会います。出会ったときには、顕在意識と潜在意識は全部それを忘

れてしまっているのですが、超潜在意識が、宇宙のときの約束を覚えているので、何か私たちには縁がある、ということを、感触で、深いところで感じるわけです。そういったときは、お互いが一緒にいることで最高の幸せを感じます。

ソウルメイトは存在します。しかし実際、ソウルメイトと出会ったときには、お互いうまくいくときばかりとは限りません。反対に、喧嘩《けんか》ばかりのときもあります。

喧嘩ばかりする場合は、過去において喧嘩し合おうよ、という約束をしているのです。さらなる気づきや学びを得るのです。つまり、切っても切れない仲ということなのです。ですから、喧嘩しても切れない仲とか、本当に気になって仕方がない仲というのは、そういう約束をしている魂なのです。

約束をした魂とは、
仲良くしていても、
喧嘩ばかりしていても、
宇宙で一番のパートナーです。

自分が嫌いなのですが、どうすれば良いでしょうか

ほとんどの人は、いまここの自分を、最大限に愛していないし、最大限に大好きになっていないのではないでしょうか。

「いまの自分は、本当はなりたくない自分になってしまっている」「自分はもっといい自分で生まれてきたかった」「もっと優秀、もっと美人、もっと能力が高く、もっと人に認められる自分で生まれたかった」と思っている人は、多いのではないでしょうか。

しかし、それはまちがいなのです。

前にも申し上げたように、皆さんがいま、人間個体でいる皆さんのその姿の自分、体のDNAは、皆さんの魂の意識が、魂の誕生から果てしない宇宙の旅をへて、地球に来たときに、最高傑作として選んだものです。地球でいろいろな体験をして、さまざまな悩みとか困難を体験することによって、自分を進化・成長させようと思っているのです。

私たち一人ひとりの松果体のDNAの光によって、何歳でどういうことを体験するとか、何歳でどういう病気になるとか、全部決められているのです。

松果体から放たれるＤＮＡの光を、何十億とある傑作の中から最高傑作として選んだ、最適な自分がここにいるのです。それ以外に、あなたの人生と体はないのです。

あなたがいま体験している人間個体こそが、あなたの最高傑作で、もし、その自分ではなかったら不完全なのだ、ということがわかれば、「こんなドジな私だけど、こんな能力のない、こんな美人じゃない私だけど、こんな私でいいのかな」、「私が選んだんだもん、可愛がってあげなくては」と気づき、そう思った瞬間、思いっきりほどけます。

ほどけたときに、どうして自分がいままで嫌いだった自分をやっていたのか、という気づきや学びが、いっせいに降り注ぎます。

そうすると、どんどん自分を好きになっていきます。そして、いつの間にか自分大好き人間に変わるのです。

あなた自身は、
あなたの魂が選んだ、
最高傑作そのものです。

生まれつきの病気や難病は、どうすれば治るのでしょうか

病気というのは、人間にとって大きな気づきや学びの機会です。

このご質問にお答えする前に、一つ申し上げておかないといけないことは、この「治る」という言葉は非常に不都合な言葉だということです。

「治る」という言葉は、病気に「なる」のが悪、「なくなる」のが善という考えに基づいています。ですから治るイコール善なのです。しかし、魂の意識的に言うと、病気を持っていたほうがいいという魂もいっぱいいるのです。なぜなら、あえてその病気を体験するために、生まれつきの病気を持つために、魂がその個体のDNAを選んできたわけですから。じつは、なくしたら駄目というケースもいっぱいあるのです。

生まれつきの病気や難病というのは、回復や、その病気をなくすことが非常に難しい場合が多いものです。

ですから、そういう病気を選んでくる魂の意識というのは、乱れの大きい自己の魂の意識エネルギーを大きく修正・成長させたいという、大変勇敢な魂なのです。つまり、魂の意識

エネルギーの修正というのにも程度があって、少しだけ改善したい人は、軽度の人生の悩みや困難、身体の症状や病気を持ってくるのです。少し改善してそれでOKとなるのです。

でも、チャレンジャーである魂の意識というのは、自分を大きく進化・成長させ、自分の魂の大本である楽で愉しいぷあぷあの状態、楽で愉しく、これでいいのだとすべて成り立っている世界にもどりたいのです。これが生きる意味なのです。

生まれつきの病気や難病はどうすれば治るのかという概念は、じつは持つべき正しい概念ではなくて、生まれつきの病気の子や難病の人を、どういうことを学びに来たのだろう、という観点で見てあげてほしいのです。

生まれつきの病気のある子どもに対しては、「あなた勇敢な魂ね」と、「どんな成長があるのだろうね」と、たたえてあげてほしいのです。そして、子どもの親に対しては、「あなた優秀な親だね、こういう子の親になる約束をしてね」とほめてあげてほしいのです。

難病の人に対しては、「あなたは勇敢で素晴らしい！」と賞賛してほしいのです。

生まれつきの病気や難病を
選択してきた魂は、
勇敢なチャレンジャー。
そして、その親や家族もまた
チャレンジャーなのです。

薬に頼らないでうつ病などの心の病気を改善する方法ってあるのですか

うつ病の方は、鎌倉の診療所にもたくさん来院します。うつ病の他にも、いろいろな心の病気の方が来られます。統合失調症の方もそうです。声が聞こえる、姿が見える、私を支配する、などです。

すべてこれは、ＤＮＡエネルギーに起因する心のからみなのです。

本来の魂ががからまずにほどけていたら、楽で愉しい、ぷあぷあな状態で、すべてお喜びさまなのですが、うつ状態は反対なのです。

いまの自分は駄目だ。こうならなければいけない、でもなれない。そういう非常に閉じた状態、からみきった状態なのです。ＤＮＡがからみきった状態で無理やり薬によって科学的に脳だけ変えようとしても、何も変わらないのです。

脳はＤＮＡから見たら末端器機です。脳は低い次元のものなのです。

高い次元の目に見えないＤＮＡから変えることをせず、薬を無理やり作用させて、低いエネルギーである脳を変化させようとする。これは私からすると、低レベルな小手先だけの方法なのです。

これをやるとDNAは余計にからみます。本来の自分の状態ではなくなり、本来の自分の状態から離れて、気づきや学びを得られない方向にいくことになるのです。

いまの医学は、本来の自分から遠ざけるということをやっているので、結果として、将来ずっと薬がないと駄目な人間を作ってしまいます。つまり地球で幸せに生きていけない人間を作ってしまうことになるのです。薬がないと駄目な心と体にしてしまうし、長い間薬を続けていると、それも効かなくなっていくので、ますます苦しむのです。

現代社会の考え方は、人生や身体における様々な問題を、外から取り去ろうとします。これはまったくまちがっているのです。現代医学では、薬で改善すると言いながら表面をごまかしているだけで、さらに乱れた、からまった人間を作っているということなのです。

最初は、薬を服用したままでもいいので、その中で「自分は駄目な人間でいいのだ。駄目な人間の役割だ。いい人間を成り立たせるために、自分は駄目な人間をやっているのだ。その役割をしているのだ」と考えるようにするのです。そうすると薬の量が減っていくかもしれないし、医師に頼らなくても大丈夫になってくるのです。

うつ病になるというのも、自分の人生のシナリオに入っていたわけです。うつ病である自分をまず認め、駄目な人間としての役割をまず認めて、ほどいてやるということが大事です。

うつでも大丈夫。
駄目な人間こそ
素晴らしいのだから。

病気ではない心と体を作るにはどうしたら良いのでしょうか

現代医学の方程式は、病気イコール悪です。病気があるイコール不幸、病気がないイコール幸せなのです。これが現代医学の方程式です。

これは、あまりにも当然のように思うかもしれませんが、大宇宙レベルでは、じつはまちがっているのです。だからこそ、いままでの現代医学は、人間を真に幸せにできなかったのです。大宇宙とつながり、現代医学に携わった経験がある私だからわかるのです。

もし現在、病気だとしたら、じつはそれはあなたにはなくてはならないもので、あなたの魂の意識が地球に生まれる前に選んだものなのです。この地球では、選んだことしか体験しません。病気を持つことによって、病気から気づきや学びを得て、自分の魂の意識を進化・成長させるというシナリオがあるわけです。

気づいたり学んだりして、魂が進化・成長したときに、病気をなくすという選択も自由にできるし、病気とともに、病気を苦にせずに元気に生きていくという選択もできるのです。

そして、もう一つの選択としては、今生は病気から十分に学ばせてもらったから、穏やかに今生を閉じて来生に向かうというものです。

この三つを自由に選べるのです。魂の自由意志というのはこういうことなのです。ですから、病気をなくすことも一つですが、なくさないでともに生きる。今生を穏やかに終わるというのも、すべてお喜びさまなわけです。

病気であっていいんだと、まず受け入れることによって、病気であることからいろんな気づきや学びが生まれるようになります。

そういう進化・成長の中で、そういえば病気がなくなっていた、ということになるのです。病気を「治したい、治したい」と言う人は病気そのものに執着しており、常に病気のことが頭にあるので、常に病気を引き寄せるのです。しかし、病気を受け入れた人は、病気のことを忘れる時間が出てきて、そういえば最近、病気（たとえば癌《がん》など）がなくなっていた、病気を苦にしなくなった、ということが起こります。病気であっていいのだと、からみをほどいたときから、DNAに書かれているシナリオを書き換えることができるのです。

いま、私のクリニックでは、癌がなくなる人が、多発しています。また、病気が改善したり、病気と幸せに共存できる人がたくさんいます。病気にもがいていた人が穏やかな死を迎えます。また、人生がよくなったという人も多くいらっしゃいます。そのように、「これでいいのだ」と受け入れることによって、人生も心も体もすべていい方向に向かうのです。

病気を怖がる必要はありません。
病気でもいいのです。

人の死が辛いです。死ぬのが怖くてしかたありません。どうしたら良いですか

現代社会、現代医学では、死イコール悲しいことであり、どちらかというと悪です。しかし、死は魂の意識エネルギーが好んで設置したものです。

生命の本質は、螺旋振動のエネルギーです。魂の意識エネルギーが自己の乱れを修正して進化・成長するために、「体」を持たねばならない地球社会に自分をソウルインしてきたのです（ソウルイン＝自分の魂の意識が脳の松果体に入って人間個体となること）。自分の魂の意識を進化・成長させるための乗りものが体なのです。

ですので、十分な気づきや学びが終われば、体は脱ぎ捨てたらいいのです。

大事なことは、その乗りものを捨てるときに、どういうふうに捨てるかが重要です。魂の意識がからまったままで死ぬか、ほどけて死ぬか、ということです。

善悪という地球の概念でいうと、からんだままで死んだ死は悲しいし、どちらかというと悪なのです。ほどけて死んだのは、これはいわゆるお喜びさまで、これは善なのです。

死ぬときに、死ぬことは辛い、悲しい、死にたくなかったのにという思いで死ぬ人は多い

かもしれません。「私はもっと生きていたかった」、「本当は人生でこういうことをしたかったのにできなかった」、「あのときあいつにあんなことしなきゃよかった」というような悲しみや後悔のうちに死んでいく人は、からまったまま死んでいるのです。その結果、周りも不幸になります。

ほどけて死ぬというのは、「これでよかったんだ」、「これでいいんだ」と感じて死ぬことです。こうなると周りも幸せです。

死ぬというときは、体を捨てるタイミングなので、気づきや学びが十分終わったときが一番いいのです。「今生で自分が体験しようとしてきた気づきや学びは全部終わった。だからもう死ぬのだ」というタイミングで死ねれば、これは完全にからみがなくなった状態で、ほどけているので、次の生命として、来生を生きるときに、高い次元で、高い螺旋振動数で始められます。より悩みや困難のない世界で始められるのです。体とか、物質世界ではない、霊性社会、半透明の世界、より想いが実現しやすい世界、時間と空間の枠が少なくて、病気のない世界で始められる。つまり進化できているのです。死は悲しむことではないのです。

からんだ魂というのは、自分が設定した課題を克服できず、同じレベルでもがく来生を始めることになります。要するに、「本当に自分はよかった、ありがとう」という具合に死ねるかどうかが、キーになります。

すべてを受け入れた死は、
悲しみではなく祝福なのです。

神様や守護霊はいるのでしょうか

神様を信じる人には神様がいます。神様を信じない人には、神様はいません。これが、宇宙の大真理です。

神様は何でできているかというと、意識体のエネルギーです。皆さん一人ひとりも、意識体である「魂の意識」でできています。皆さんは、神様の意識は、自分の意識より高いところにあると思ってしまっています。ですので、自分を無力ととらえ、神様に頼ったり神様にコントロールされてしまっているのです。

魂の一番高いところは「ゼロポイント」といって、皆さんの魂が生まれた誕生の場所です。そこからずっと降りてきて、いまの地球人にまで来ているわけです。この途中の段階に神様がいます。

神様だけではなくて守護霊も、天使（エンジェル）も、アセンデッドマスター（高次元のエネルギー存在）も、すべてのエネルギー体がこの途中にいます。

イエス・キリストを信じる人は、魂エネルギーの途中経過でイエス・キリストのエネルギー体を通過しているのです。つまりイエス・キリストのエネルギー体は、あなたそのものでもあるのです。

天照大御神《あまてらすおおみかみ》、観音、仏、すべて同じ概念です。あなたは神様の一部であり、あなたは神様そのものでもあるのです。

つまり、神様とか守護霊だとか天使だとかアセンデッドマスターというのは、それを信じる、意識する人の意識エネルギーの集合体なのです。それを信じる、もしくは意識する人たちの集合意識のエネルギー体が神なのです。

皆さんの一人ひとりの魂の意識エネルギーは、皆さんのゼロポイントにもどりたがっています。冒険をしてきたけれど、やっぱり本当に楽で愉しい、エネルギーの高いところにもどろうとしています。そして、もどるときに、そのサポートをしてくれるのが、神様とか守護霊や天使、アセンデッドマスターなのです。途中にあるそれらのエネルギー体を、感謝によって自分の味方につけることで、そのエネルギーと関与している（信じている、もしくは意識している）集合意識をぜんぶ、全部味方につけることができるわけです。

存在を信じる者、
意識する者に神様は存在します。
そして感謝こそがサポートを得る
最強のカードです。

RIE

健康のために、食事と運動はどうすれば良いのでしょうか

これまでの常識と固定観念では、健康で幸福でいるためには、正しい食事をしないといけない、正しい運動をしないといけないとされてきました。しかし、これからの地球社会は、物質性の時代から霊性の時代に入りました。いままで目に見えるものだけで成り立ってきた、政治経済、科学、医学、生活、これらはすべて、目に見えないもの（エビデンスにできない不思議な力）を取り入れていかないと、衰退します。

そういう意味で、これからの食事と運動の概念も変わります。信じられないかもしれませんが、近未来は、食事をとらなくてもエネルギーを自由に生み出せるようになるのです。

これまでは、体を構成する物質を作るのに、原料を入れないと作れませんでした。しかし、これからは、空間または体内にある珪素《けいそ》からエネルギーを作り出せるようになるのです。要するに、人間が進化すれば、原料を入れなくてもエネルギーを自由に生み出せるようになるのです。

また、運動しなくても、体をいい状態で保てるようになります。つまり物理的な負荷を体

に課さなくても、人間の体はしなやかさも強さも維持できるようになってきます。珪素のエネルギーが、必要に応じ、あらゆる物質と状態を作ります。

しかし、そういう時代に急に変わるわけではありません。いまの地球発達レベルで一番よくないのは、こういうものを食べないと駄目だとか、こういうもの（食品添加物や、汚染物質）を食べたら駄目だ、と不安に怯《おび》えることです。この状態では、心も体もガチって（「ガチガチ」に「ガチる」こと）しまいます（「ぷあぷあ」に「ぷある」の反対）。

このように、不安と恐怖をもとに、食事と運動があるわけです。病気になりたくない、寝たきりになりたくないということで、食事はどうあるべきだ、運動はどうあるべきだ、と思っているのです。

このようにからまった状態だと、宇宙の叡智とつながりません。「これでいいのだ、自分の人生も体もこれでいいのだ」と受け入れた途端に、ＤＮＡエネルギー、そして心と体がほどけてきます。こうして、宇宙の叡智とつながると、あなたの食べたいものが、あなたに必要なものになってきます。すべてが、あなたにとって正解になってきます。

運動も、からまっているときは、動くべきときに動きたくならないし、動かないでいいときに動いたりします。しかし、ＤＮＡエネルギーがほどけ、心と体がほどけてくると、宇宙の叡智とつながります。いままで動かなかった人が動き、動きすぎた人は穏やかになっていきます。

心と体がほどければ、
「それでいいのだ」。
食事も運動も、
あなたの思うようにやればいい。

老化は防げるのでしょうか

確かに人間の寿命は延びてきていますし、日本人は特に長生きする民族です。それは、素晴らしいことです。

しかし、老化の話をする前に言っておくことがあります。それは、長生きイコール幸せではないということです。魂のシナリオの設定があって、若くして何歳で死ぬというシナリオもあるわけです。そのシナリオどおりに死ぬことも、決して不幸なことではないのです。

ただ、生きている間に人生と体の課題をこなすことによって、気づきや学びが生まれ、そのとき、そこで初めてＤＮＡの書き換えが行われ、シナリオを変えることができます。つまり寿命を延ばすことも自分でできるので、長生きをすることは可能になるのです。

老化は何で起こるかというと、細胞を構成しているタンパク質が変性してくるとか、細胞の代謝が落ちるとか、そういう科学的な現象によります。

それは私から見たら、三次元的な、どちらかというと低い次元の考えなのです。どうして細胞が老いるのか、結果として張りがなくなるのかというと、それは細胞の振動数が落ちてくるからなのです。

例えば人間の身体振動数が、平均で十万ヘルツとすると、年齢とともに段々落ちてきます。例えば九万五千ヘルツとか、九万ヘルツとかに落ちてきて細胞は死ぬのですが、宇宙の叡智を取り入れる能力が高まると、振動数が落ちなくなり、老化しにくくなるのです。

珪素は、脳の松果体と細胞膜の主要構成成分ですが、それが宇宙の叡智を取り入れて、体を働かします。体をコントロールする身体の叡智に変えています。ですからその変換能力が高ければ、高い振動数で細胞を維持できるので、若いままでいられるのです。珪素を摂取したり、珪素で構成される水晶とたわむれることは、それを可能にします。

とはいっても、DNAの情報に、歴史上の人類のデータが乗っていて、八十年九十年すると、細胞は老いてくるのです。しかし、高いレベルの宇宙の叡智が入ってくると、いままでの、DNAの八十年から九十年で死ぬという、人生のシナリオを書き換えることができるのです。

からまった、こうでないといけないとか、こうあるべきだと言っていた人間が、これでいいんだという状態になってほどけてくると、宇宙の叡智が強力に応援してくれるようになります。高いエネルギーが入り、高い振動数でいられるようになるので、より細胞をいい状態で維持できる期間が長くなる。そうすると、もっと長生きするというプログラムに、DNAが書き換えられるのです。

宇宙の叡智と
つながると、
歳をとらなく
なります。

おわりに

この本では、地球社会には存在しない、大宇宙の叡智による知識と情報を紹介しました。それを正しいか正しくないかと判断されるのではなく、「この本の、もっとも良い読み方」というものを、お受け止めいただければ幸いです。

世の中の、正しい正しくないということは、皆さんの意識がただ決めているだけで、大宇宙の法則で言えば、すべてはただ存在するだけなのです。

皆さんにとってよいものは正しい、よくないものは正しくない、という考えが地球社会にはびこってきましたが、宇宙の本質的にはすべてが善であり、「ああ、そうか」と、「ああ、そうなのだ」と受け入れるだけで、皆さんは進化・成長することができるようになります。

なぜならば、どんなことも、皆さんの魂の意識が選択した「最高傑作」だからです。

正しい、正しくないと判断したときに、宇宙の叡智とつながらず、分離してしまうことになるのです。

これからは融合の時代です。「正しい」というのは、「正しくない」があるから存在します。ものごとには、正しくないと正しいがあるのです。ですからその両面を皆さんは融合していくのです。

片方だけになると分離になります。両面を融合するということは、つまりは「ああ、そうなのだ」と受け入れることなのです。これがまず重要なのです。

「正しい」も「正しくない」も両方が「善」なのです。「ああ、そうなのか」と、あるがままを受け入れることが、皆さんの役に立つのです。

私は、自分の魂が誕生してから、遥かなる宇宙の旅をしてきました。その魂の旅の中で、自分のエネルギーは身体ではないと気づかされたのです。

自分は医師で、身体を診ている立場なのですが、重要なのは身体ではないとわかっているので、いま、高い次元、高いレベルの医学を創造できたのです。

重要なのは、魂の意識なのです。生命というのは、魂の意識エネルギーなのです。しかもそれは、螺旋振動するエネルギーです。

魂の意識であるエネルギーは、遥かな旅をしているうちに、乱れが出来てきます。私も、それを修正してさらに進化させるために、地球に生まれてきました。地球では、何世代も生命を繰り返してきました。何世代も旅しながら、私はこの地球社会をよくしたい、人間の生き方を変えたいという思いでずっとやってきたのです。

どうして、そんなことがわかるのかって？

それは、米国セドナでの神秘的な体験から、「宇宙の叡智」を受けるようになったからとしか言いようがありません。そんなものは、なんの根拠もないことなので、信じられない、と言う方もいらっしゃるでしょうし、輪廻転生《りんねてんしょう》なんて信じられないという方もいらっしゃるでしょう。私は、信じない方はそれでもいいと思っています。

ただ私には、自分の考えにしたがって診療し、多くの患者を助けることができているという事実があります。なので、皆さんにこうしてお話しできるのです。


私は、昭和四十一年に地球に生まれた際、死にかけていました。もう、あと数週間も持たないであろうと言われた状態でした。しかし、この地球社会、人間の皆さんのお役に立つ使命をいただいたことで、私は天（大宇宙）に、命を救われました。

そして、いままで何回も繰り返してきた地球の生の集大成として、皆さんに、地球社会と地球人類が変わるための知識と情報をお伝えしています。

皆さんの、人間という個体をつくっているエネルギー。これは、本当は細胞とか、目に見えるものではなくて、細胞の中にある目には見えないDNAにあります。そこに皆さんのいろいろな情報、人生と身体のシナリオが全部書き込まれています。皆さんがもっとも必要なシナリオを、地球に来るときに、皆さんの魂の意識は選んできました。

そして、皆さん自身の魂の意識のエネルギーの乱れを正すために、もっとも必要な人生の体験（悩みや困難）、身体の体験（症状や病気）を自分で選び、そこから気づきと学びを得ることによって、自分のエネルギーを修正しているのです。最終的には、自分の魂の意識エネルギーを進化・成長させる、ということが生きる目的なのです。

ですから、この本を通して皆さんにお伝えしたかったもっとも大切なメッセージは、「人生の問題も身体の問題も、じつはあなたが選んだことだよ」と、「そのことが自分にとってもっとも必要なことだよ」ということになります。そういったシナリオが、皆さん自身の中でからんできているわけです。シナリオがからむと、皆さんが本来の自分のままで生きられなくなって、もがくわけです。そのからみをほぐすということが今回のテーマなのです。

これまでの地球社会は、私が診療しないと皆さんを変えられなかったのですが、いよいよこれからは、私が関わらなくても、皆さん自身で、本来の人生と身体のシナリオを修正して書き換えていくことが可能な時代になります。

新地球時代の幕開けです。

平成三十年七月　∞ishi（むげんだい医師）ドクタードルフィン　松久　正

からまった心と体のほどきかた
～古い自分を解き放ち、ほんとうの自分を取りもどす～

2018年8月17日　第1版第1刷発行

著　者　松　久　正
発行者　清　水　卓　智
発行所　株式会社ＰＨＰエディターズ・グループ
〒135-0061　江東区豊洲5-6-52
☎03-6204-2931
http://www.peg.co.jp/
発売元　株式会社ＰＨＰ研究所
東京本部　〒135-8137　江東区豊洲5-6-52
普及部　☎03-3520-9630
京都本部　〒601-8411　京都市南区西九条北ノ内町11
PHP INTERFACE　https://www.php.co.jp/
印刷所
製本所　図書印刷株式会社

　ISBN978-4-569-84123-6